Impressum
Verlag: BABADADA GmbH, Nedderfeld 112 , 22529 Hamburg
Geschäftsführer / Verlagsleitung: Harald Hof
Druck: Books on Demand GmbH, In de Tarpen 42, 22848 Norderstedt

Imprint
Publisher: BABADADA GmbH, Nedderfeld 112 , 22529 Hamburg, Germany
Managing Director / Publishing direction: Harald Hof
Print: Books on Demand GmbH, In de Tarpen 42, 22848 Norderstedt

koulu
Schule

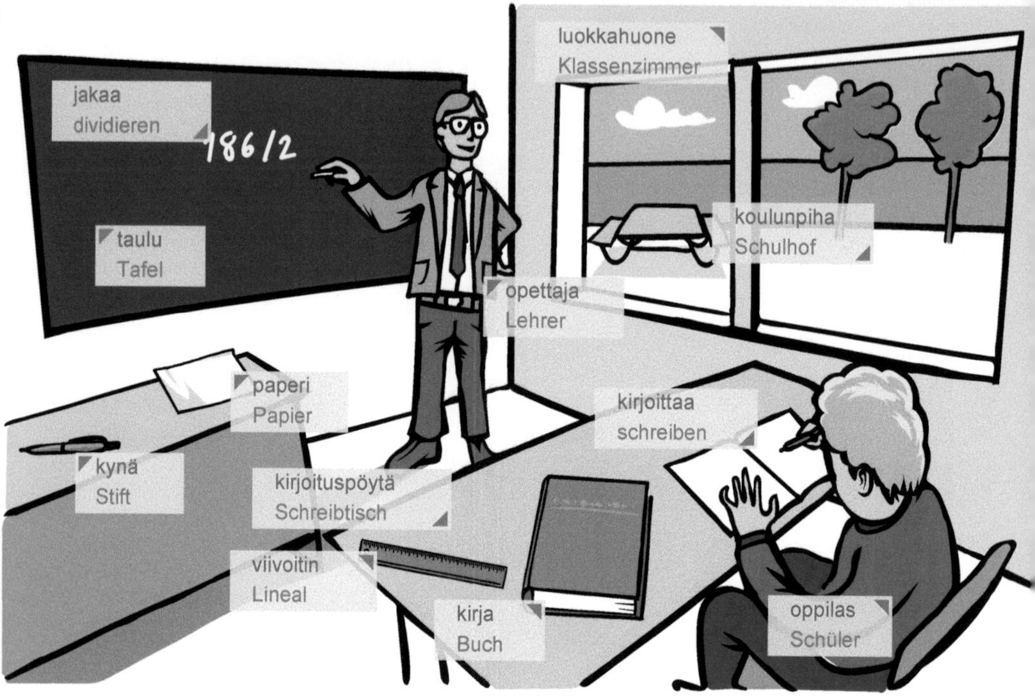
luokkahuone
Klassenzimmer
jakaa
dividieren
186/2
taulu
Tafel
koulunpiha
Schulhof
opettaja
Lehrer
paperi
Papier
kirjoittaa
schreiben
kynä
Stift
kirjoituspöytä
Schreibtisch
viivoitin
Lineal
kirja
Buch
oppilas
Schüler

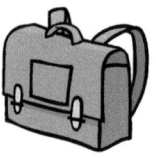

reppu

Schultasche

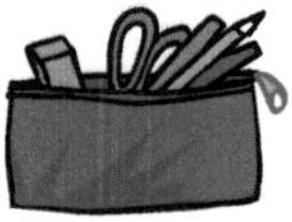

penaali

Federmappe

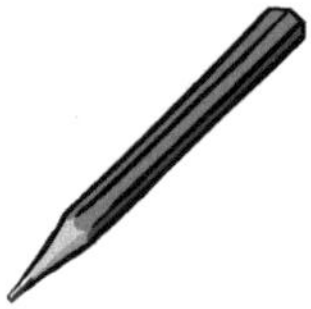

lyijykynä

Bleistift

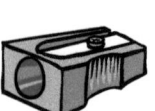

kynänteroitin

Bleistiftspitzer

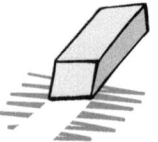

pyyhekumi

Radierer

piirustuslehtiö

Zeichenblock

piirustus

Zeichnung

pensseli

Pinsel

vesivärit

Malkasten

sakset

Schere

liima

Klebstoff

harjoituskirja

Übungsheft

kotitehtävä

Hausübung

12

luku

Zahl

2+2

lisätä

addieren

5-2

vähentää

subtrahieren

2x2

kertoa

multiplizieren

laskea

rechnen

A

kirjain

Buchstabe

ABCDEFG
HIJKLMN
OPQRSTU
VWXYZ

aakkoset

Alphabet

hello

sana

Wort

teksti

Text

lukea

lesen

liitu

Kreide

oppitunti

Unterrichtsstunde

opettajan muistikirja

Klassenbuch

koe

Prüfung

todistus

Zeugnis

koulupuku

Schuluniform

koulutus

Ausbildung

sanakirja

Lexikon

yliopisto

Universität

mikroskooppi

Mikroskop

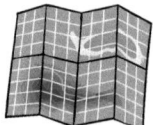

kartta

Karte

roskakori

Papierkorb

matka
Reise

hotelli
Hotel
Grand
retkeilymaja
Herberge
ROOMS
EXCHANGE
rahanvaihto
Wechselstube
matkalaukku
Koffer
auto
Auto

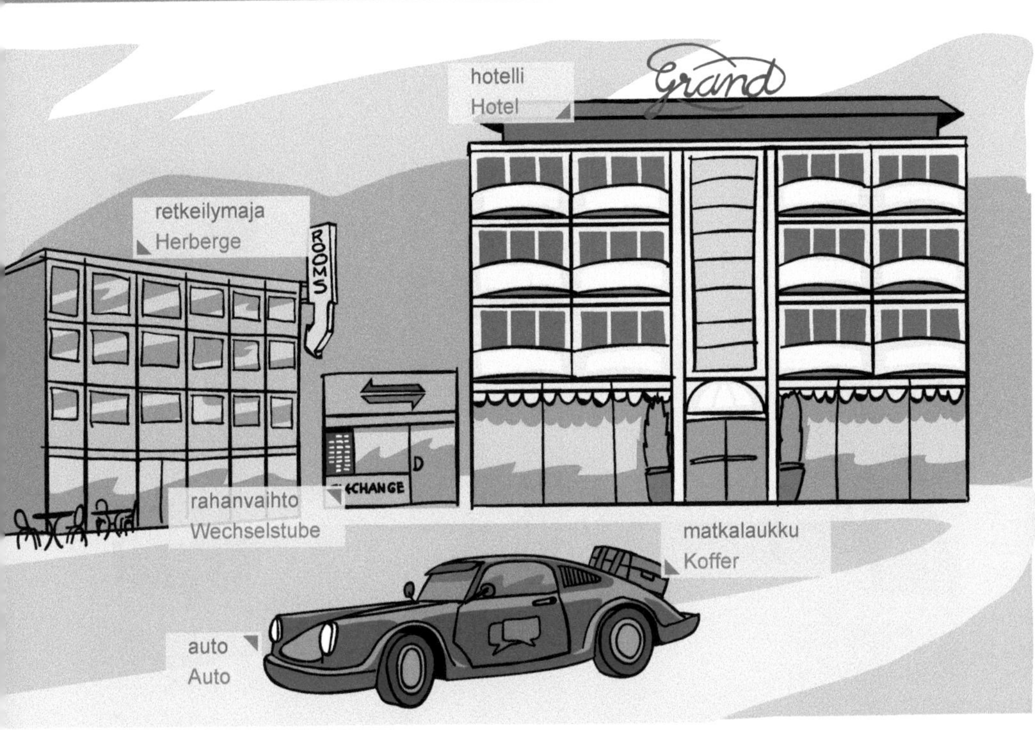

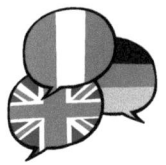

kieli

Sprache

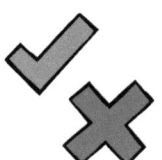

kyllä / ei

ja / nein

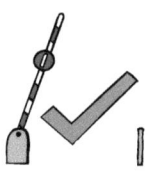

selvä

Okay

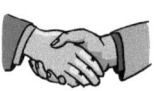

hei

Hallo

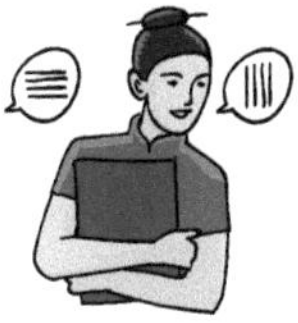

tulkki

Dolmetscherin

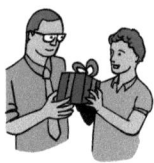

kiitos

Danke

Paljonko...maksaa?

Wie viel kostet ...?

en ymmärrä

Ich verstehe nicht.

ongelma

Problem

Hyvää iltaa!

Guten Abend!

Hyvää huomenta!

Guten Morgen!

Hyvää yötä!

Gute Nacht!

näkemiin

Auf Wiederschaun!

suunta

Richtung

matkatavarat

Gepäck

laukku

Tasche

reppu

Rucksack

vieras

Gast

huone

Zimmer

makuupussi

Schlafsack

teltta

Zelt

turisti-info

Touristeninformation

ranta

Strand

luottokortti

Kreditkarte

aamupala

Frühstück

lounas

Mittagessen

päivällinen

Abendessen

matkalippu

Fahrkarte

hissi

Lift

postimerkki

Briefmarke

raja

Grenze

tulli

Zoll

suurlähetystö

Botschaft

viisumi

Visum

passi

Pass

matka - Reise

kuljetus
Transport

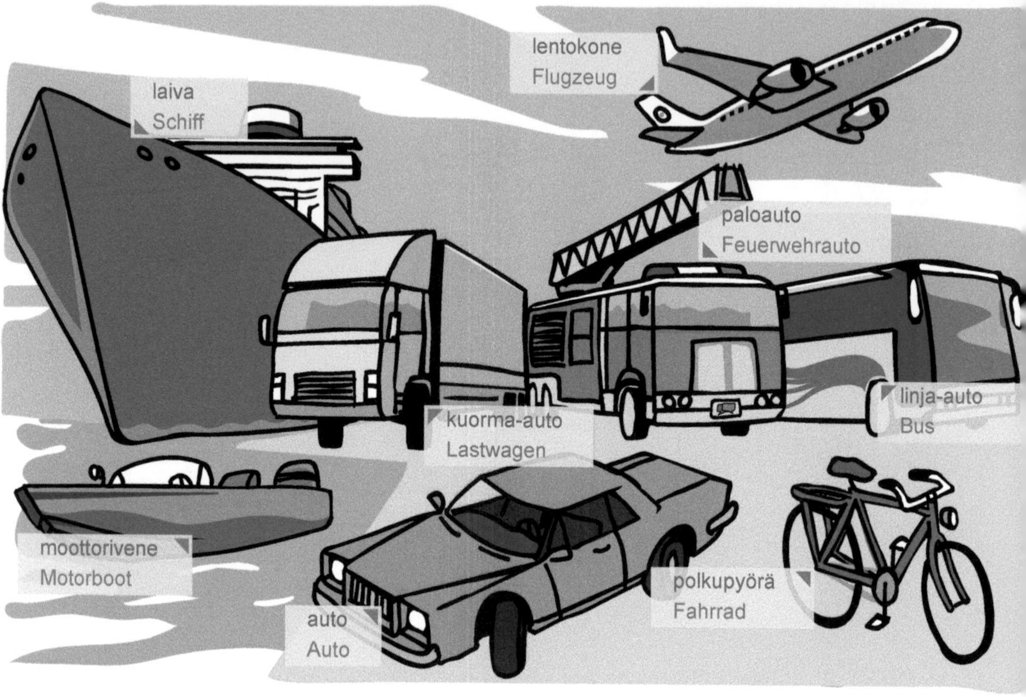
lentokone
Flugzeug
laiva
Schiff
paloauto
Feuerwehrauto
kuorma-auto
Lastwagen
linja-auto
Bus
moottorivene
Motorboot
polkupyörä
Fahrrad
auto
Auto

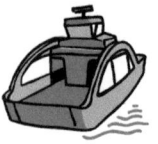

lautta
Fähre

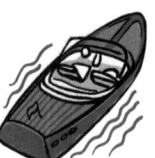

vene
Boot

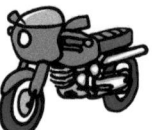

moottoripyörä
Motorrad

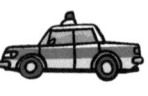

poliisiauto
Polizeiauto

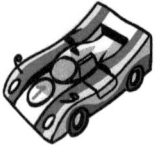

kilpa-auto
Rennauto

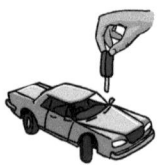

vuokra-auto
Mietwagen

car sharing

Carsharing

hinausauto

Abschleppwagen

roska-auto

Müllwagen

moottori

Motor

polttoaine

Kraftstoff

huoltoasema

Tankstelle

liikennemerkki

Verkehrsschild

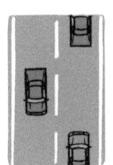

liikenne

Verkehr

ruuhka

Stau

parkkipaikka

Parkplatz

rautatieasema

Bahnhof

raiteet

Schienen

juna

Zug

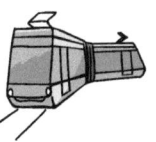

raitiovaunu

Straßenbahn

vaunu

Wagon

helikopteri

Hubschrauber

lentokenttä

Flughafen

lähilennonjohto

Tower

matkustaja

Passagier

kontti

Container

pahvilaatikko

Karton

kärryt

Rollwagen

kori

Korb

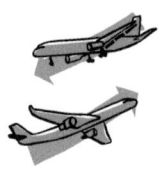

nousta / laskea

starten / landen

kaupunki
Stadt

kylä

Dorf

keskusta

Stadtzentrum

talo

Haus

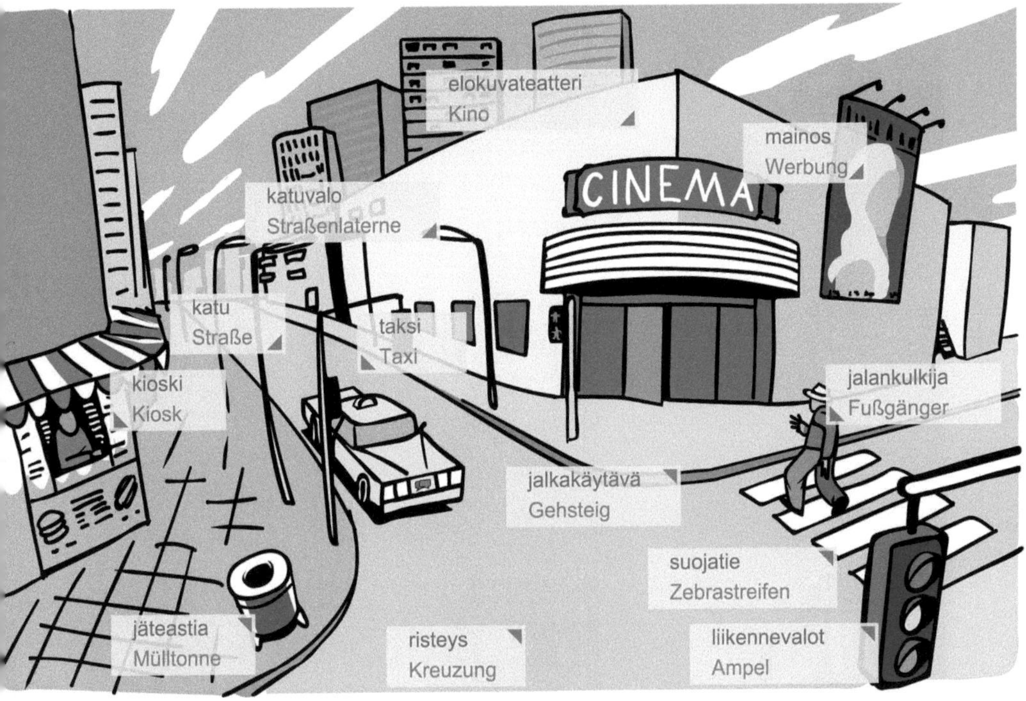
elokuvateatteri
Kino
mainos
Werbung
CINEMA
katuvalo
Straßenlaterne
katu
Straße
taksi
Taxi
kioski
Kiosk
jalankulkija
Fußgänger
jalkakäytävä
Gehsteig
suojatie
Zebrastreifen
jäteastia
Mülltonne
risteys
Kreuzung
liikennevalot
Ampel

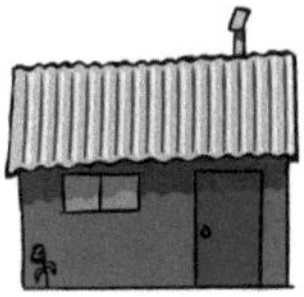

mökki

Hütte

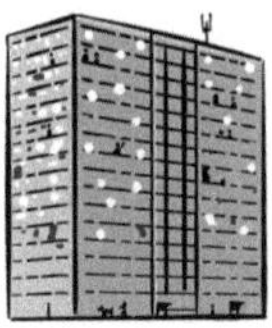

kerrostalo

Wohnung

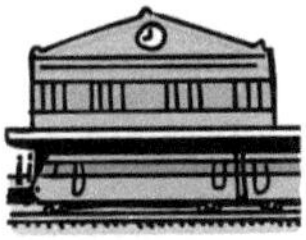

rautatieasema

Bahnhof

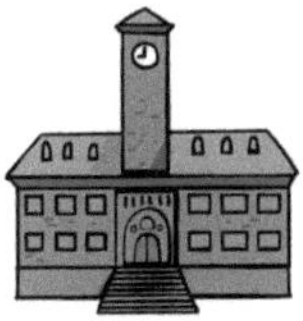

kaupungintalo

Rathaus

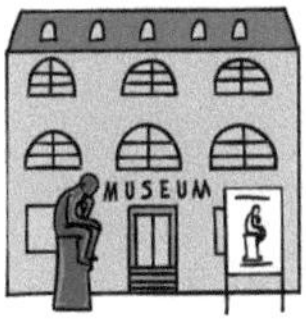
MUSEUM

museo

Museum

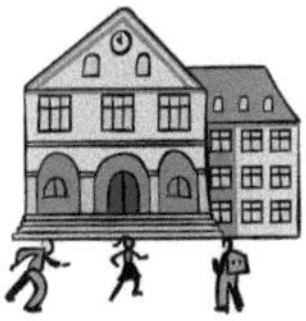

koulu

Schule

yliopisto
Universität

pankki
Bank

sairaala
Spital

hotelli
Hotel

apteekki
Apotheke

toimisto
Büro

kirjakauppa
Buchhandlung

liike
Geschäft

kukkakauppa
Blumenladen

supermarketti
Supermarkt

tori
Markt

tavaratalo
Kaufhaus

kalakauppias
Fischhändler

ostoskeskus
Einkaufszentrum

satama
Hafen

puisto

Park

penkki

Bank

silta

Brücke

portaat

Stiege

metro

U-Bahn

tunneli

Tunnel

linja-autopysäkki

Bushaltestelle

baari

Bar

ravintola

Restaurant

postilaatikko

Briefkasten

katukyltti

Straßenschild

parkkimittari

Parkuhr

eläintarha

Zoo

uimala

Badeanstalt

moskeija

Moschee

maatila
Bauernhof

ympäristön saastuminen
Umweltverschmutzung

hautausmaa
Friedhof

kirkko
Kirche

leikkikenttä
Spielplatz

temppeli
Tempel

maisema
Landschaft

![Landscape illustration with labels]

lehti
Blatt

tienviitta
Wegweiser

tie
Weg

niitty
Wiese

kivi
Stein

retkeilijä
Wanderer

puu
Baum

joki
Fluss

ruoho
Gras

kukka
Blume

laakso
....
Tal

vuori
....
Hügel

järvi
....
See

metsä
....
Wald

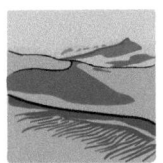

aavikko
....
Wüste

tulivuori
....
Vulkan

linna
....
Schloss

sateenkaari
....
Regenbogen

sieni
....
Pilz

palmu
....
Palme

hyttynen
....
Moskito

kärpänen
....
Fliege

muurahainen
....
Ameise

mehiläinen
....
Biene

hämähäkki
....
Spinne

kovakuoriainen

Käfer

sammakko

Frosch

orava

Eichhörnchen

siili

Igel

jänis

Hase

pöllö

Eule

lintu

Vogel

joutsen

Schwan

villisika

Wildschwein

peura

Hirsch

hirvi

Elch

pato

Staudamm

tuulimylly

Windrad

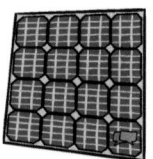

aurinkopaneeli

Solarmodul

ilmasto

Klima

ravintola
Restaurant

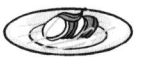

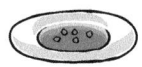

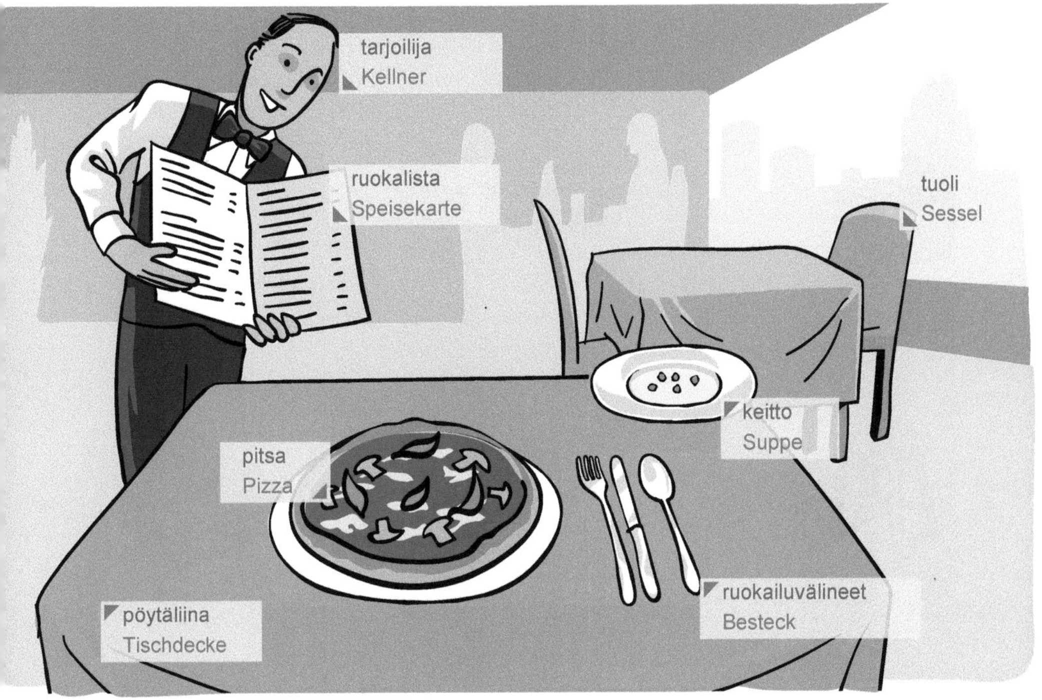
tarjoilija
Kellner
ruokalista
Speisekarte
tuoli
Sessel
keitto
Suppe
pitsa
Pizza
pöytäliina
Tischdecke
ruokailuvälineet
Besteck

alkuruoka

Vorspeise

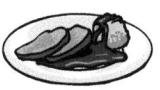

pääruoka

Hauptgericht

jälkiruoka

Nachspeise

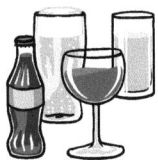

juomat

Getränke

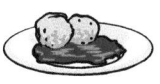

ruoka

Essen

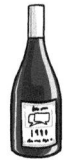

pullo

Flasche

pikaruoka

Fastfood

katuruoka

Streetfood

teekannu

Teekanne

sokeriastia

Zuckerdose

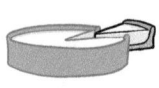

annos

Portion

espressokeitin

Espressomaschine

syöttötuoli

Kinderstuhl

lasku

Rechnung

tarjotin

Tablett

veitsi

Messer

haarukka

Gabel

lusikka

Löffel

teelusikka

Teelöffel

servietti

Serviette

lasi

Glas

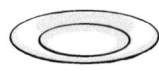

lautanen

Teller

syvä lautanen

Suppenteller

aluslautanen

Untertasse

kastike

Sauce

suolasirotin

Salzstreuer

pippurimylly

Pfeffermühle

etikka

Essig

öljy

Öl

mausteet

Gewürze

ketsuppi

Ketchup

sinappi

Senf

majoneesi

Mayonnaise

supermarketti
Supermarkt

tarjous
Angebot
FOR
asiakas
Kunde
maitotuotteet
Milchprodukte
hedelmät
Obst
ostoskärryt
Einkaufswagen

BUTCHERS

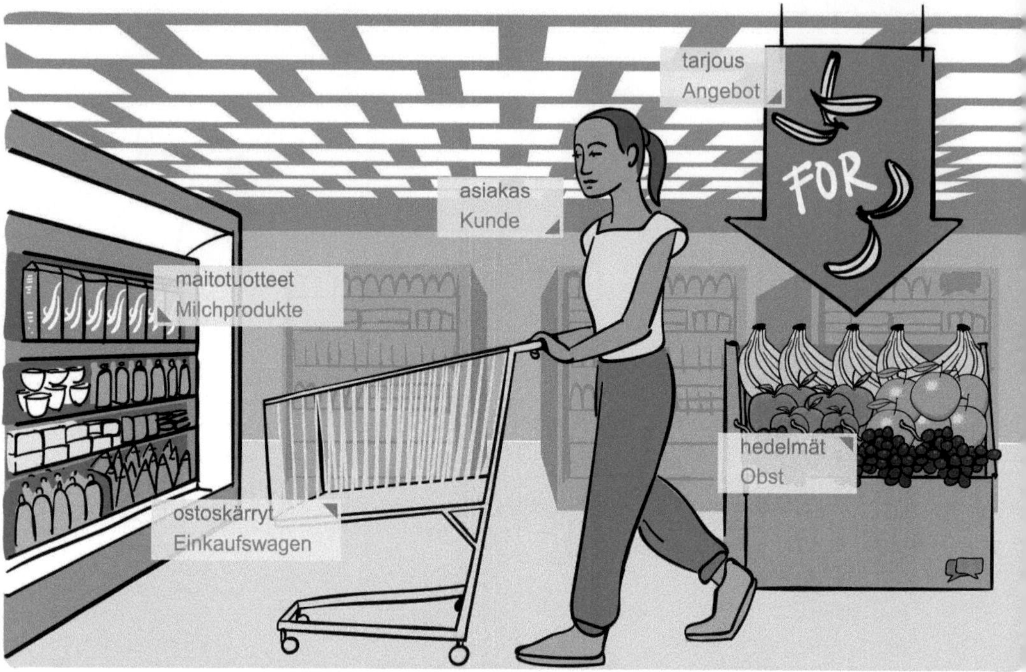

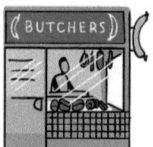

teurastamo

Schlachterei

BAKERY

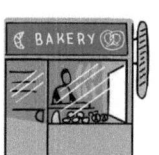

leipomo

Bäckerei

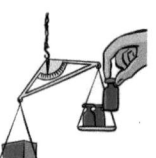

punnita

wiegen

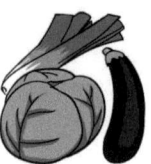

kasvikset

Gemüse

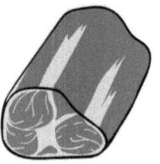

liha

Fleisch

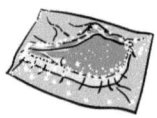

pakasteet

Tiefkühlkost

leikkele
Aufschnitt

säilykkeet
Konserven

pesujauhe
Waschmittel

makeiset
Süßigkeiten

kotitaloustarvikkeet
Haushaltsartikel

puhdistusaineet
Reinigungsmittel

myyjä
Verkäuferin

kassa
Kassa

kassanhoitaja
Kassiererin

ostoslista
Einkaufsliste

aukioloajat
Öffnungszeiten

lompakko
Brieftasche

luottokortti
Kreditkarte

kassi
Tasche

muovipussi
Plastiktüte

vesi

Wasser

mehu

Saft

maito

Milch

kokis

Cola

viini

Wein

olut

Bier

alkoholi

Alkohol

kaakao

Kakao

tee

Tee

kahvi

Kaffee

espresso

Espresso

cappuccino

Cappuccino

banaani

Banane

omena

Apfel

appelsiini

Orange

meloni

Melone

sitruuna

Zitrone

porkkana

Karotte

valkosipuli

Knoblauch

bambu

Bambus

sipuli

Zwiebel

sieni

Pilz

pähkinät

Nüsse

spagetti

Nudeln

spagetti

Spaghetti

riisi

Reis

salaatti

Salat

ranskalaiset

Pommes frites

paistetut perunat

Bratkartoffeln

pitsa

Pizza

hampurilainen

Hamburger

voileipä

Sandwich

leike

Schnitzel

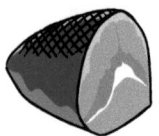

kinkku

Schinken

salami

Salami

makkara

Wurst

kana

Huhn

paisti

Braten

kala

Fisch

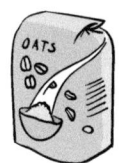

kaurahiutaleet

Haferflocken

mysli

Müsli

murot

Cornflakes

jauho

Mehl

voisarvi

Croissant

sämpylä

Semmel

leipä

Brot

paahtoleipä

Toast

keksit

Kekse

voi

Butter

rahka

Topfen

kakku

Kuchen

kananmuna

Ei

paistettu kananmuna

Spiegelei

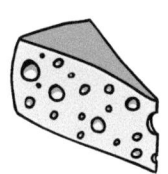

juusto

Käse

jäätelö

Eiscreme

sokeri

Zucker

hunaja

Honig

hillo

Marmelade

suklaapähkinälevite

Schokoladenaufstrich

curry

Curry

maatila
Bauernhof

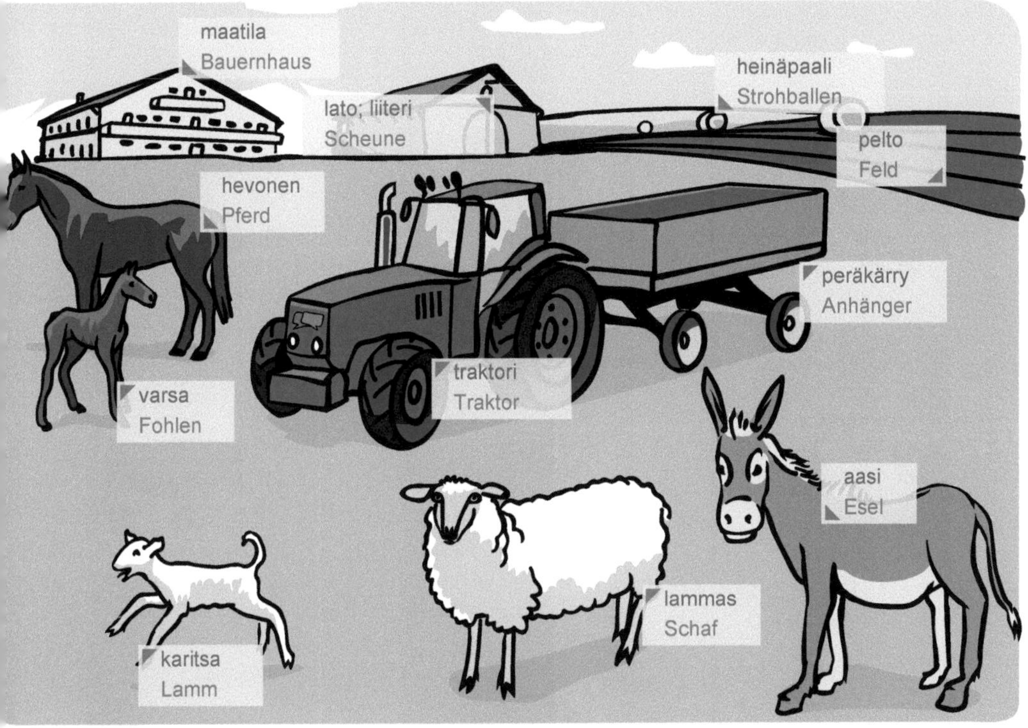

maatila
Bauernhaus
lato; liiteri
Scheune
heinäpaali
Strohballen
pelto
Feld
hevonen
Pferd
peräkärry
Anhänger
traktori
Traktor
varsa
Fohlen
aasi
Esel
lammas
Schaf
karitsa
Lamm

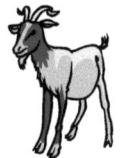

vuohi
Ziege

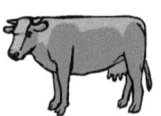

lehmä
Kuh

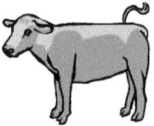

vasikka
Kalb

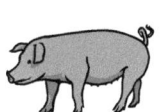

sika
Schwein

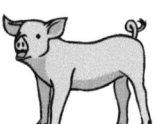

porsas
Ferkel

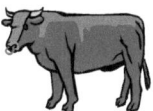

sonni
Stier

hanhi

Gans

ankka

Ente

tipu

Küken

kana

Huhn

kukko

Hahn

rotta

Ratte

kissa

Katze

hiiri

Maus

härkä

Ochse

koira

Hund

koirankoppi

Hundehütte

puutarhaletku

Gartenschlauch

kastelukannu

Gießkanne

viikate

Sense

aura

Pflug

sirppi

Sichel

kuokka

Hacke

talikko

Mistgabel

kirves

Axt

kottikärryt

Schubkarre

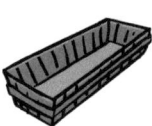

kaukalo

Trog

maitokannu

Milchkanne

säkki

Sack

aita

Zaun

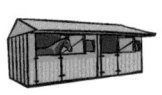

talli

Stall

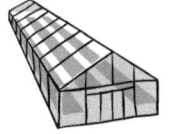

kasvihuone

Treibhaus

maa

Boden

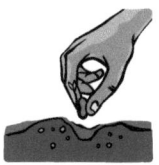

siemen

Saat

lannoite

Dünger

leikkuupuimuri

Mähdrescher

kerätä sato

ernten

sato

Ernte

jamssit

Yamswurzel

vehnä

Weizen

soija

Soja

peruna

Erdapfel

maissi

Mais

rypsi

Raps

hedelmäpuu

Obstbaum

maniokki

Maniok

vilja

Getreide

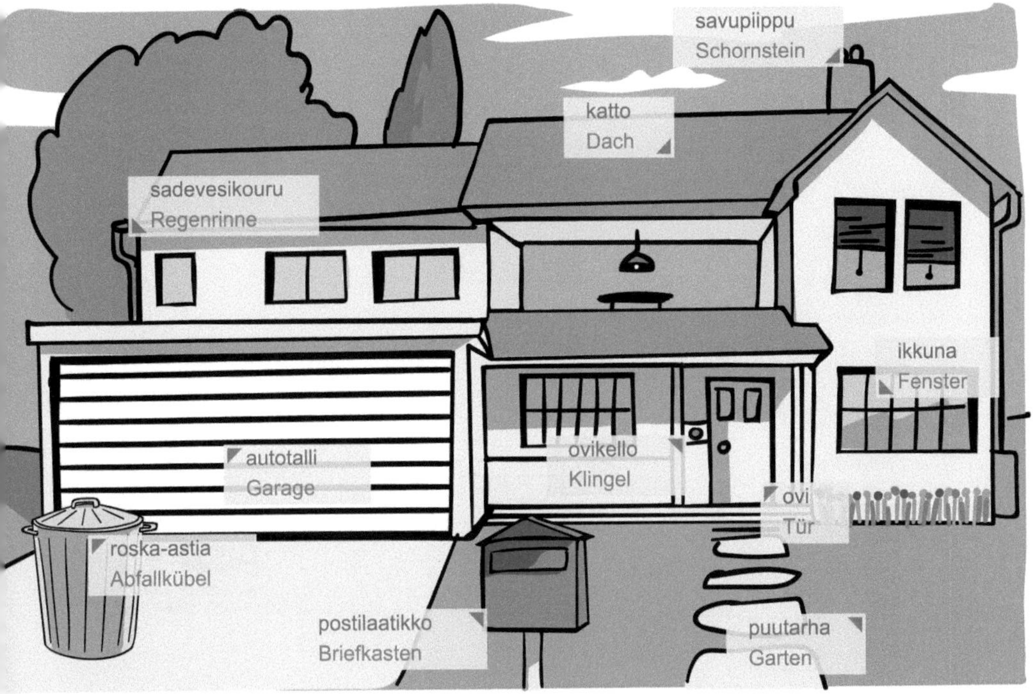

savupiippu
Schornstein

katto
Dach

sadevesikouru
Regenrinne

ikkuna
Fenster

autotalli
Garage

ovikello
Klingel

ovi
Tür

roska-astia
Abfallkübel

postilaatikko
Briefkasten

puutarha
Garten

olohuone

Wohnzimmer

kylpyhuone

Badezimmer

keittiö

Küche

makuuhuone

Schlafzimmer

lastenhuone

Kinderzimmer

ruokahuone

Esszimmer

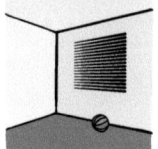

lattia
Boden

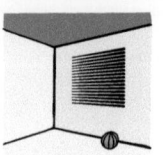

seinä
Wand

katto
Decke

kellari
Keller

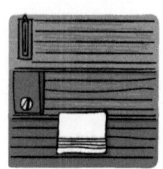

sauna
Sauna

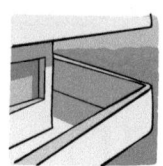

parveke
Balkon

terassi
Terrasse

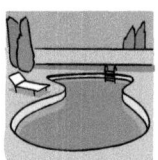

uima-allas
Schwimmbad

ruohonleikkuri
Rasenmäher

lakana
Bettbezug

päiväpeitto
Bettdecke

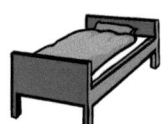

sänky
Bett

harja
Besen

ämpäri
Kübel

katkaisin
Schalter

olohuone
Wohnzimmer

tapetti
Tapete
kuva
Bild
lamppu
Lampe
hylly
Regal
kaappi
Schrank
televisio
Fernseher
takka
Kamin
kukka
Blume
tyyny
Polster
sohva
Sofa
maljakko
Vase
kaukosäädin
Fernbedienung

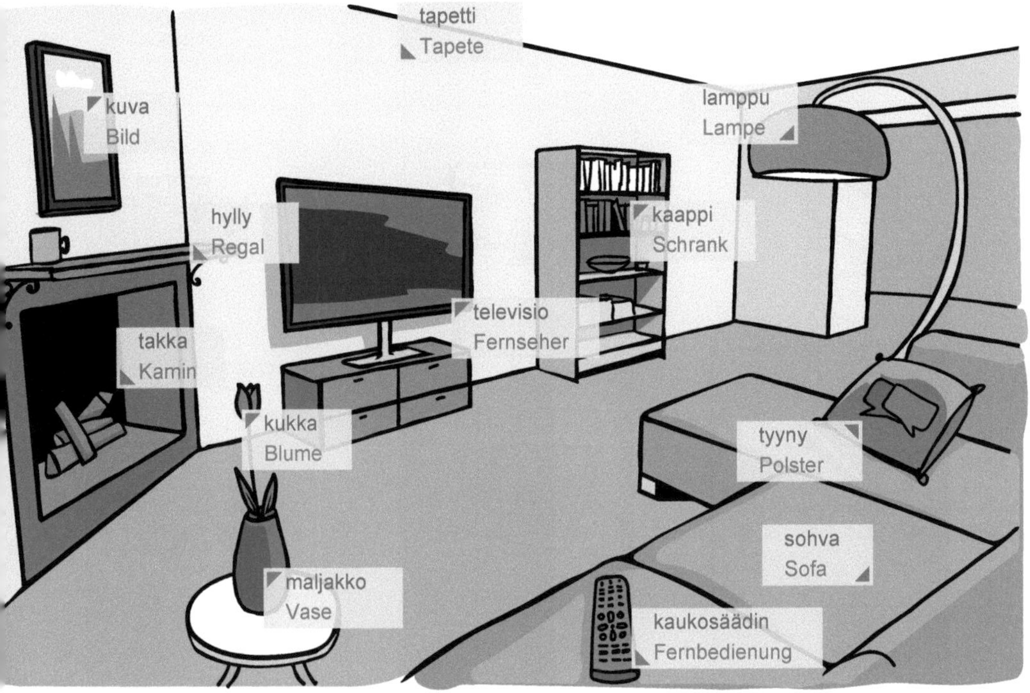

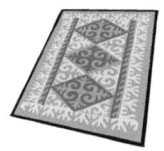

matto
Teppich

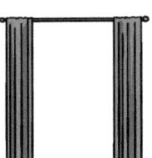

verho
Vorhang

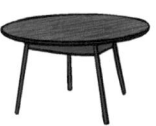

pöytä
Tisch

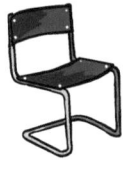

tuoli
Sessel

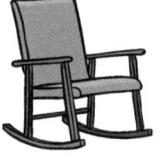

keinutuoli
Schaukelstuhl

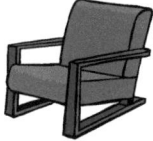

nojatuoli
Sessel

kirja

Buch

peitto

Decke

koriste

Dekoration

polttopuut

Feuerholz

elokuva

Film

stereot

Stereoanlage

avain

Schlüssel

sanomalehti

Zeitung

maalaus

Gemälde

juliste

Poster

radio

Radio

muistivihko

Notizblock

pölynimuri

Staubsauger

kaktus

Kaktus

kynttilä

Kerze

keittiö
Küche

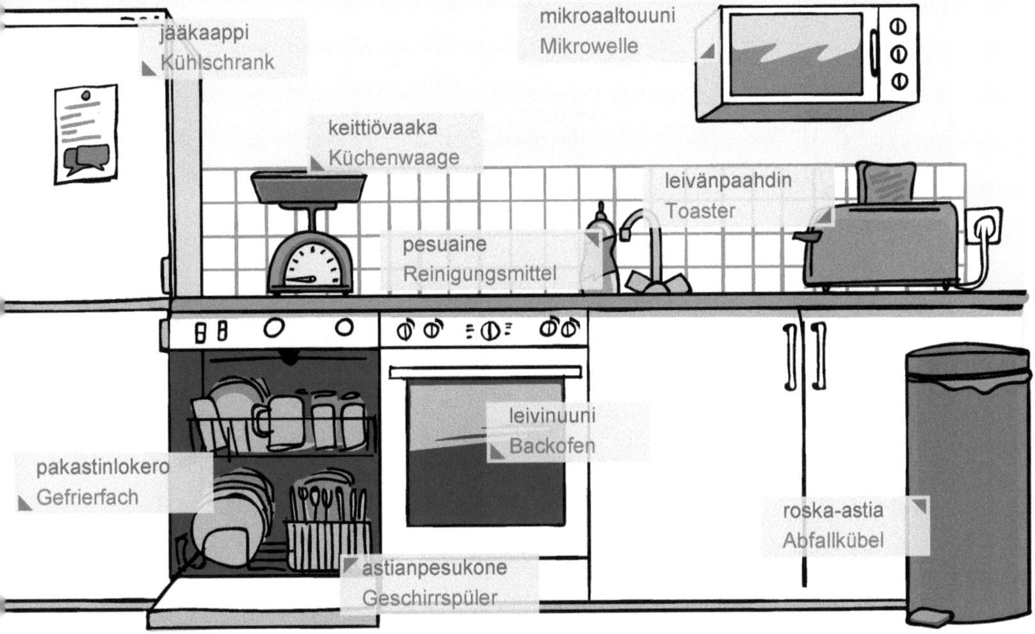
jääkaappi
Kühlschrank
mikroaaltouuni
Mikrowelle
keittiövaaka
Küchenwaage
leivänpaahdin
Toaster
pesuaine
Reinigungsmittel
leivinuuni
Backofen
pakastinlokero
Gefrierfach
roska-astia
Abfallkübel
astianpesukone
Geschirrspüler

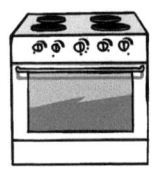

liesi
....
Herd

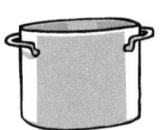

kattila
....
Topf

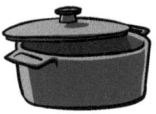

rautapata
....
Eisentopf

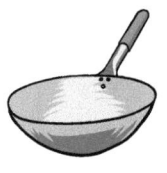

vokkipannu / kadai-pannu
....
Wok / Kadai

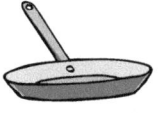

paistinpannu
....
Pfanne

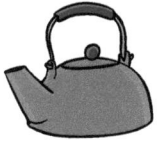

teepannu
....
Wasserkocher

höyrykeitin

Dampfgarer

uunipelti

Backblech

astiat

Geschirr

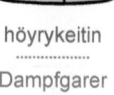

muki

Becher

kulho

Schale

syömäpuikot

Essstäbchen

kauha

Schöpflöffel

paistinlasta

Pfannenwender

vispilä

Schneebesen

siivilä

Kochsieb

siivilä

Sieb

raastin

Reibe

mortteli

Mörser

grilli

Grill

avotuli

Kaminfeuer

leikkuulauta

Schneidebrett

kaulin

Nudelholz

korkinavaaja

Korkenzieher

purkki

Dose

purkinavaaja

Dosenöffner

pannulappu

Topflappen

lavuaari

Waschbecken

tiskiharja

Bürste

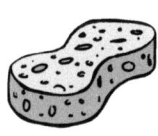

pesusieni

Schwamm

tehosekoitin

Mixer

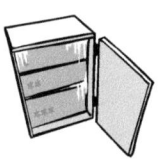

pakastin

Gefriertruhe

tuttipullo

Babyflasche

vesihana

Wasserhahn

kylpyhuone
Badezimmer

lämmitys
Heizung
pyyhe
Handtuch
suihku
Dusche
suihkuverho
Duschvorhang
vaahtokylpy
Schaumbad
kylpyamme
Badewanne
lasi
Glas
pesukone
Waschmaschine
vesihana
Wasserhahn
kaakelit
Fliesen
potta
Nachttopf
lavuaari
Waschbecken

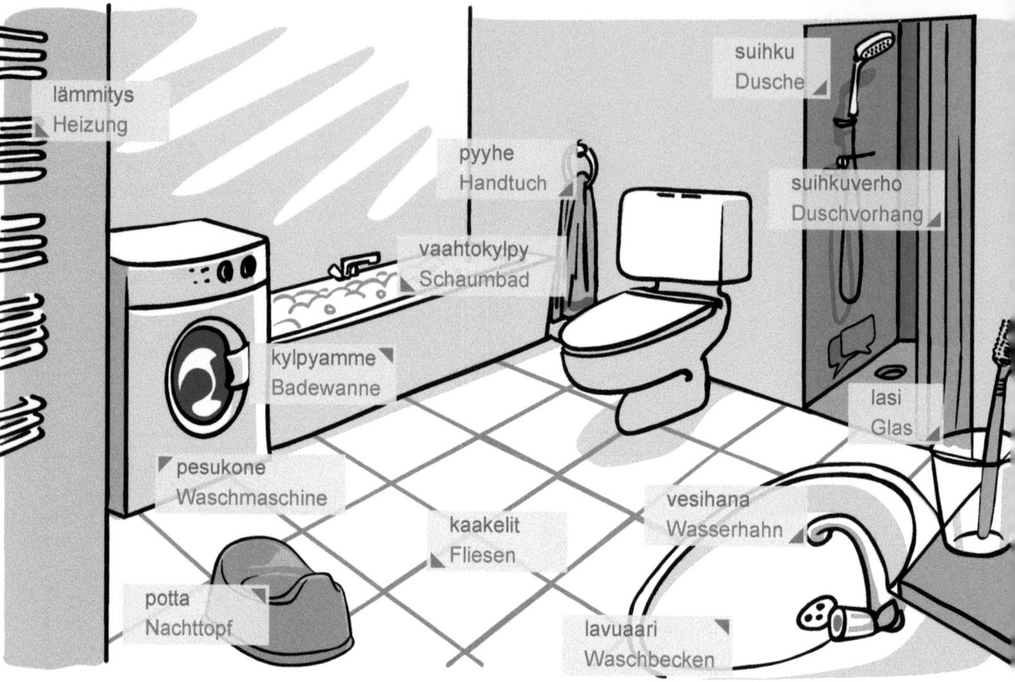

vessa

Klo

kyykkyvessa

Hocktoilette

bidee

Bidet

pisuaari

Pissoir

vessapaperi

Klopapier

vessaharja

Klobürste

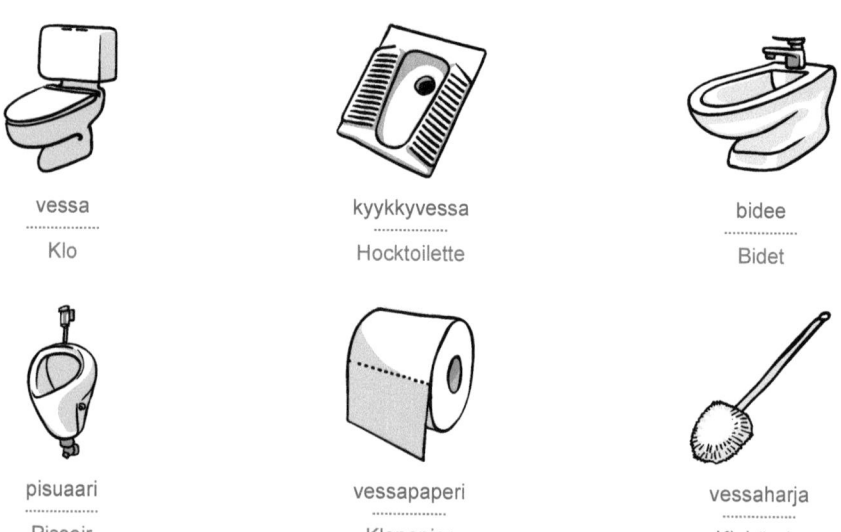

hammasharja

Zahnbürste

hammastahna

Zahnpasta

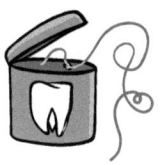

hammaslanka

Zahnseide

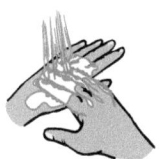

pestä

waschen

käsisuihku

Handbrause

intiimisuihku

Intimdusche

pesuvati

Waschschüssel

selkäharja

Rückenbürste

saippua

Seife

suihkugeeli

Duschgel

shampoo

Shampoo

pesulappu

Waschlappen

viemäri

Abfluss

voide

Creme

deodorantti

Deodorant

peili

Spiegel

käsipeili

Kosmetikspiegel

partaveitsi

Rasierer

partavaahto

Rasierschaum

partavesi

Rasierwasser

kampa

Kamm

harja

Bürste

hiustenkuivaaja

Föhn

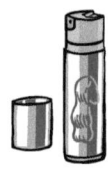

hiuslakka

Haarspray

meikki

Makeup

huulipuna

Lippenstift

kynsilakka

Nagellack

pumpuli

Watte

kynsisakset

Nagelschere

hajuvesi

Parfum

kosmetiikkalaukku
Kulturbeutel

jakkara
Hocker

vaaka
Waage

kylpytakki
Bademantel

kumihansikkaat
Gummihandschuhe

tamponi
Tampon

terveysside
Damenbinde

kemiallinen wc
Chemietoilette

lastenhuone
Kinderzimmer

herätyskello
Wecker
pehmolelu
Kuscheltier
leikkiauto
Spielzeugauto
helistin
Rassel
nukkekoti
Puppenhaus
lahja
Geschenk

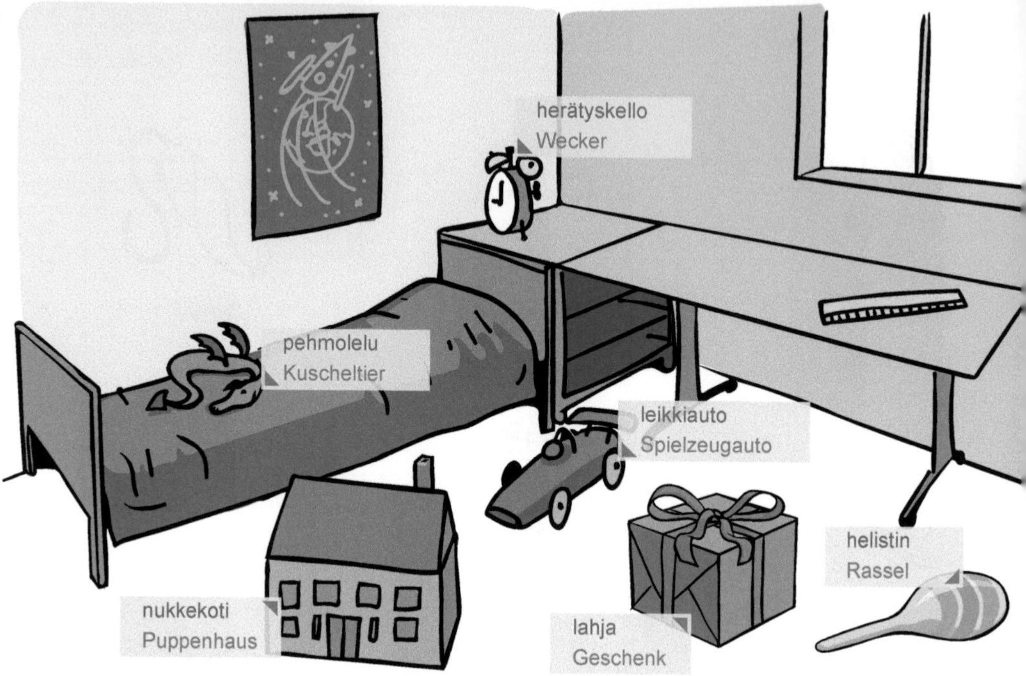

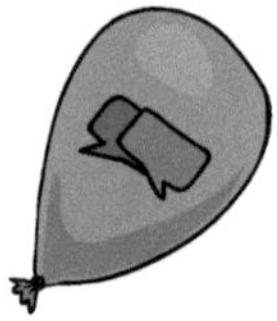

ilmapallo

Ballon

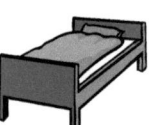

sänky

Bett

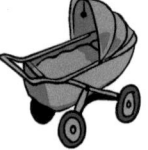

lastenvaunut

Kinderwagen

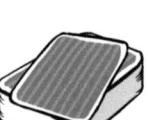

korttipeli

Kartenspiel

palapeli

Puzzle

SUPER
MEGA

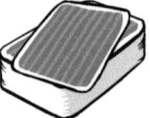

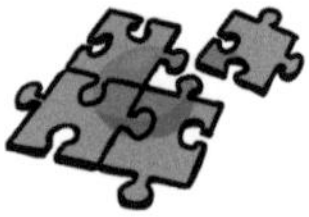

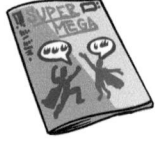

sarjakuva

Comic

legopalikat

Legosteine

rakennuspalikat

Bausteine

supersankari

Actionfigur

potkupuku

Strampelanzug

frisbee

Frisbee

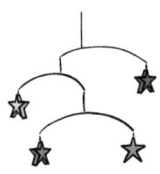

mobile

Mobile

lautapeli

Brettspiel

noppa

Würfel

pienoisjunarata

Modelleisenbahn

tutti

Schnuller

juhlat

Party

kuvakirja

Bilderbuch

pallo

Ball

nukke

Puppe

leikkiä

spielen

hiekkalaatikko

Sandkasten

keinu

Schaukel

lelut

Spielzeug

pelikonsoli

Spielkonsole

kolmipyörä

Dreirad

nalle

Teddy

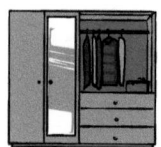

vaatekaappi

Kleiderschrank

vaatteet
Kleidung

sukat

Socken

nylonsukat

Strümpfe

sukkahousut

Strumpfhose

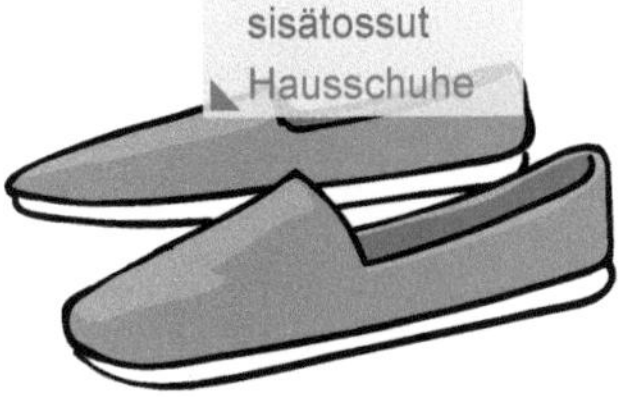

kaulaliina
Schal

vyö
Gürtel

sateenvarjo
Regenschirm

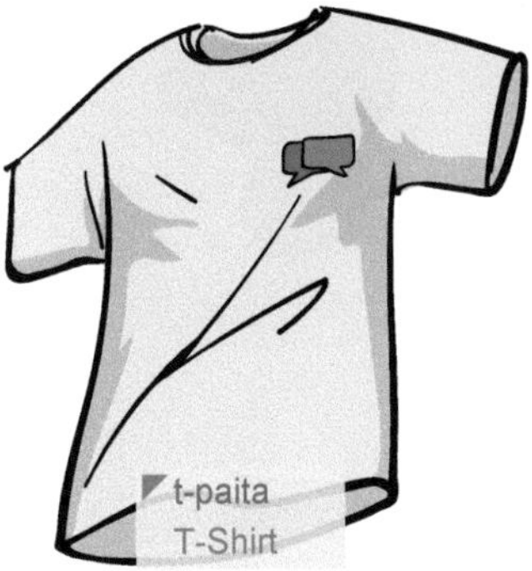

t-paita
T-Shirt

lenkkarit
Turnschuhe

saappaat
Stiefel

sisätossut
Hausschuhe

sandaalit

Sandalen

kengät

Schuhe

kumisaappaat

Gummistiefel

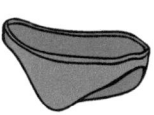

alushousut

Unterhose

rintaliivit

Büstenhalter

aluspaita

Unterhemd

body
Body

housut
Hose

farkut
Jeans

hame
Rock

pusero
Bluse

paita
Hemd

villapaita
Pullover

collegepaita
Kapuzenpullover

jakku
Blazer

takki
Jacke

takki
Mantel

sadetakki
Regenmantel

puku
Kostüm

mekko
Kleid

hääpuku
Hochzeitskleid

puku

Anzug

yöpaita

Nachthemd

pyjama

Pyjama

shari

Sari

päähuivi

Kopftuch

turbaani

Turban

burka

Burka

kaftaani

Kaftan

abaya

Abaya

uimapuku

Badeanzug

uimahousut

Badehose

shortsit

kurze Hose

verkkarit

Jogginganzug

esiliina

Schürze

käsineet

Handschuhe

nappi

Knopf

silmälasit

Brille

rannekoru

Armband

kaulakoru

Halskette

sormus

Ring

korvakoru

Ohrring

lippalakki

Mütze

ripustin

Kleiderbügel

hattu

Hut

solmio

Krawatte

vetoketju

Reißverschluss

kypärä

Helm

henkselit

Hosenträger

koulupuku

Schuluniform

univormu

Uniform

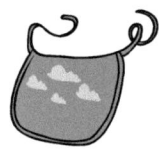

ruokalappu

Lätzchen

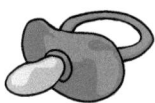

tutti

Schnuller

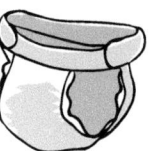

vaippa

Windel

toimisto

Büro

palvelin
Server
asiakirjakaappi
Aktenschrank
tulostin
Drucker
paperi
Papier
näyttö
Monitor
hiiri
Maus
kirjoituspöytä
Schreibtisch
kansio
Ordner
näppäimistö
Tastatur
roskakori
Papierkorb
tietokone
Computer
tuoli
Sessel

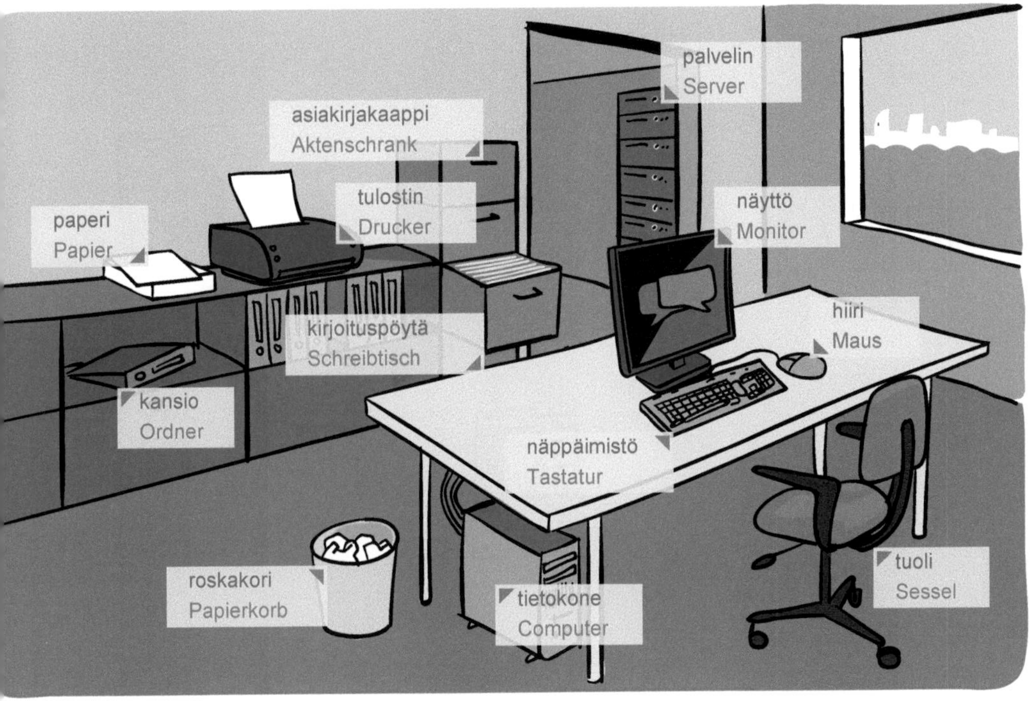

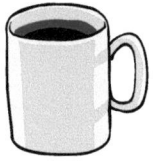

kahvimuki

Kaffeebecher

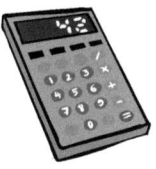

taskulaskin

Taschenrechner

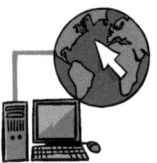

internet

Internet

kannettava tietokone

Laptop

kirje

Brief

viesti

Nachricht

kännykkä

Handy

verkko

Netzwerk

kopiokone

Kopierer

ohjelmisto

Software

puhelin

Telefon

pistorasia

Steckdose

faksi

Fax

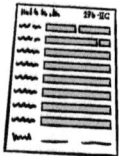

lomake

Formular

asiakirja

Dokument

ostaa

kaufen

maksaa

bezahlen

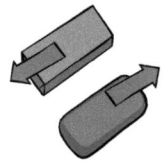

vaihtaa

handeln

raha

Geld

dollari

Dollar

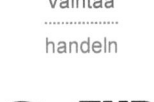

euro

Euro

jeni

Yen

rupla

Rubel

frangi

Franken

renminbi juan

Renminbi Yuan

rupia

Rupie

pankkiautomaatti

Bankomat

rahanvaihto

Wechselstube

kulta

Gold

hopea

Silber

öljy

Öl

energia

Energie

hinta

Preis

sopimus

Vertrag

vero

Steuer

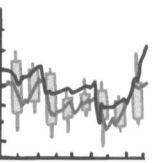

osake

Aktie

työskennellä

arbeiten

työntekijä

Angestellte

työnantaja

Arbeitgeber

tehdas

Fabrik

liike

Geschäft

poliisi
Polizist

palomies
Feuerwehrmann

kokki
Koch

lääkäri
Ärztin

lentäjä
Pilot

puutarhuri

Gärtner

puuseppä

Tischler

ompelija

Schneiderin

tuomari

Richter

kemisti

Chemikerin

näyttelijä

Schauspieler

linja-autonkuljettaja

Busfahrer

taksinkuljettaja

Taxifahrer

kalastaja

Fischer

siivooja

Putzfrau

katontekijä

Dachdecker

tarjoilija

Kellner

metsästäjä

Jäger

maalari

Maler

leipuri

Bäcker

sähköasentaja

Elektriker

rakentaja

Bauarbeiter

insinööri

Ingenieur

teurastaja

Schlachter

putkiasentaja

Installateur

postinjakaja

Briefträgerin

ammatit - Berufe

sotilas

Soldat

arkkitehti

Architekt

kassanhoitaja

Kassiererin

floristi

Blumenhändlerin

kampaaja

Friseur

konduktööri

Schaffner

mekaanikko

Mechaniker

kapteeni

Kapitän

hammaslääkäri

Zahnärztin

tiedemies

Wissenschaftler

rabbi

Rabbi

imaami

Imam

munkki

Mönch

pappi

Pfarrer

työkalut
Werkzeuge

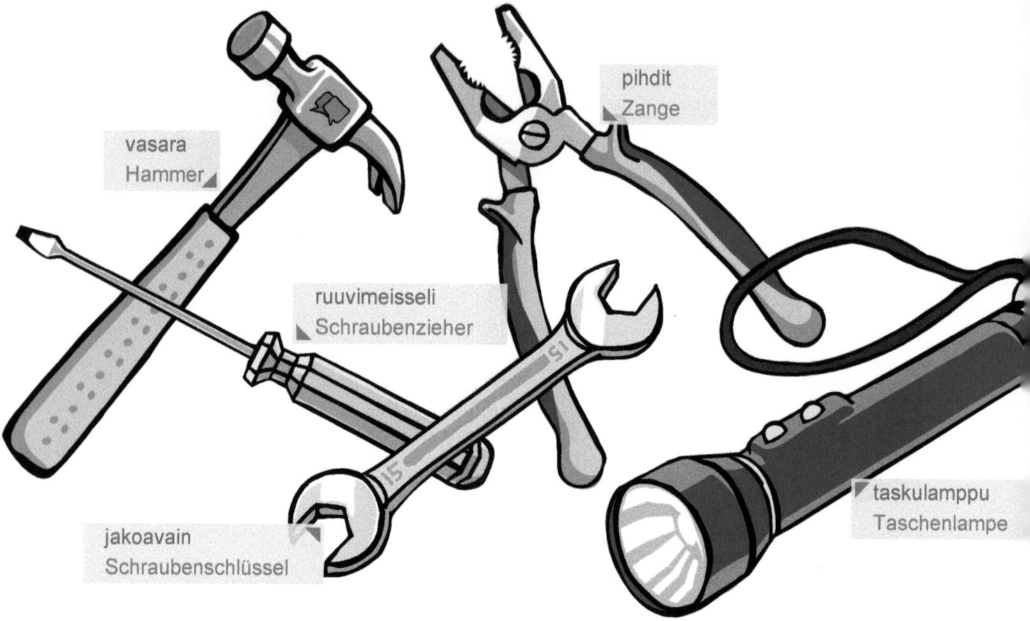
vasara
Hammer
pihdit
Zange
ruuvimeisseli
Schraubenzieher
jakoavain
Schraubenschlüssel
taskulamppu
Taschenlampe

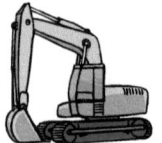

kaivinkone

Bagger

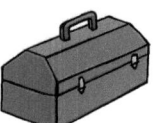

työkalupakki

Werkzeugkasten

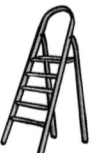

tikkaat

Leiter

saha

Säge

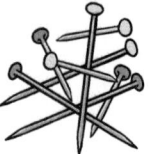

naulat

Nägel

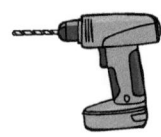

pora

Bohrer

korjata
reparieren

lapio
Schaufel

Hitto!
Scheiße!

rikkalapio
Kehrschaufel

maalipurkki
Farbtopf

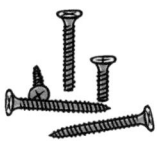

ruuvit
Schrauben

soittimet
Musikinstrumente

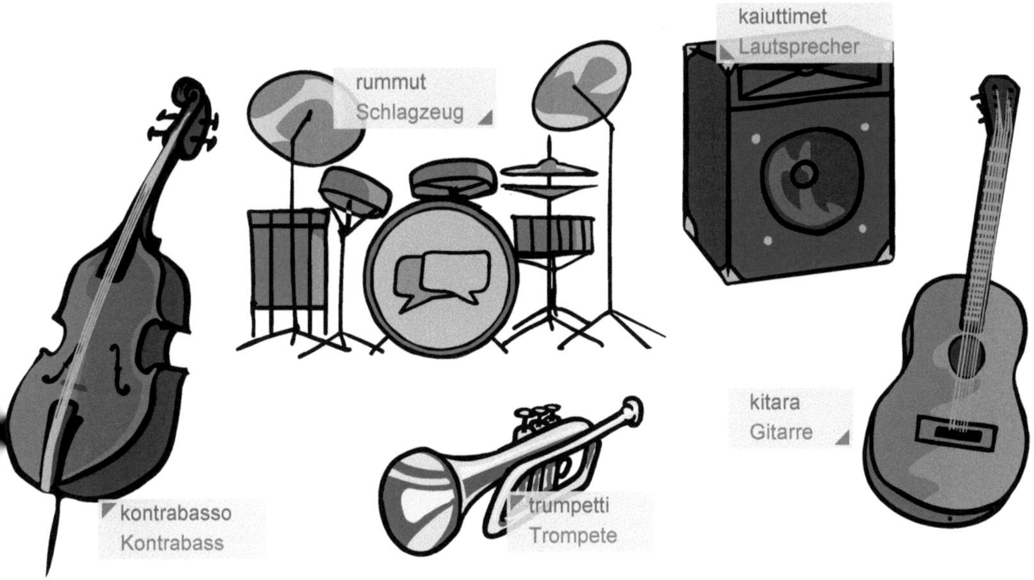

rummut
Schlagzeug

kaiuttimet
Lautsprecher

kitara
Gitarre

kontrabasso
Kontrabass

trumpetti
Trompete

piano

Klavier

viulu

Violine

basso

Bass

patarummut

Pauke

rumpu

Trommeln

kosketinsoitin

Tastatur

saksofoni

Saxophon

huilu

Flöte

mikrofoni

Mikrofon

eläintarha
Zoo

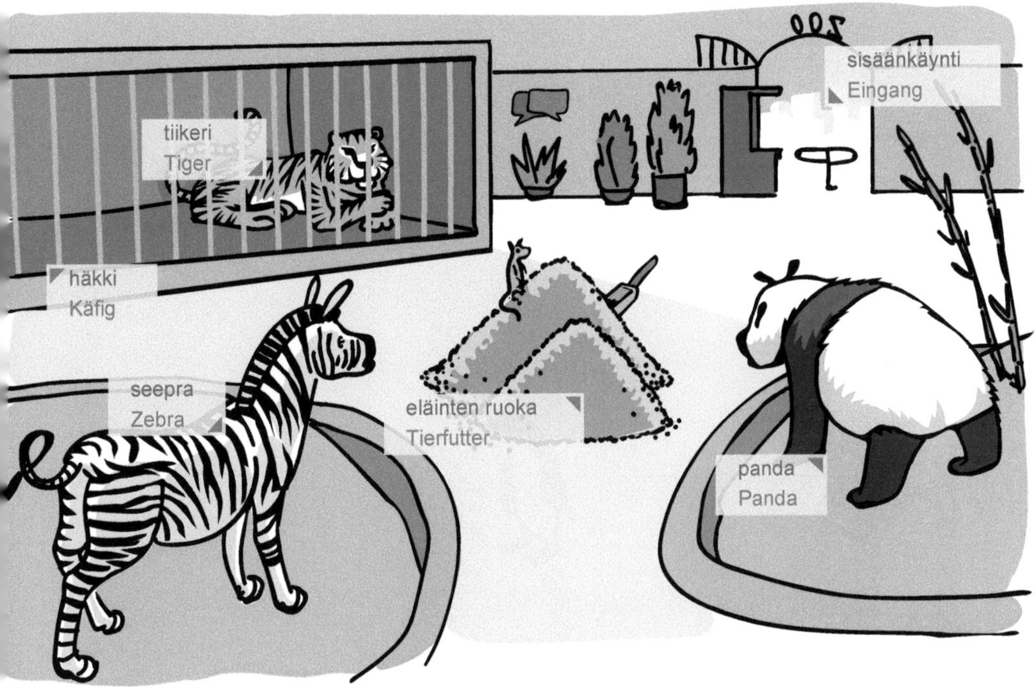
tiikeri
Tiger
häkki
Käfig
seepra
Zebra
eläinten ruoka
Tierfutter
sisäänkäynti
Eingang
panda
Panda

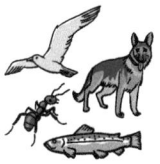

eläimet

Tiere

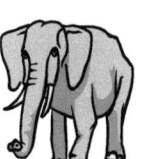

norsu

Elefant

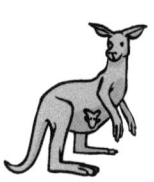

kenguru

Känguru

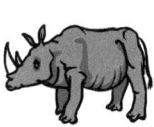

sarvikuono

Nashorn

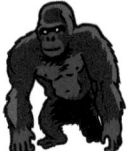

gorilla

Gorilla

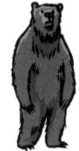

karhu

Bär

kameli

Kamel

strutsi

Strauß

leijona

Löwe

apina

Affe

flamingo

Flamingo

papukaija

Papagei

jääkarhu

Eisbär

pingviini

Pinguin

hai

Hai

riikinkukko

Pfau

käärme

Schlange

krokotiili

Krokodil

eläintarhanhoitaja

Zoowärter

hylje

Robbe

jaguaari

Jaguar

poni
Pony

leopardi
Leopard

virtahepo
Nilpferd

kirahvi
Giraffe

kotka
Adler

villisika
Wildschwein

kala
Fisch

kilpikonna
Schildkröte

mursu
Walross

kettu
Fuchs

gaselli
Gazelle

amerikkalainen jalkapallo
American Football

pyöräily
Radfahren

tennis
Tennis

koripallo
Basketball

uinti
Schwimmen

nyrkkeily
Boxen

jääkiekko
Eishockey

jalkapallo
Fußball

sulkapallo
Badminton

yleisurheilu
Leichtathletik

käsipallo
Handball

hiihto
Skifahren

poolo
Polo

aktiviteetit
Aktivitäten

nauraa
lachen
hypätä
springen
halata
umarmen
kävellä
gehen
laulaa
singen
unelmoida
träumen
rukoilla
beten
suudella
küssen

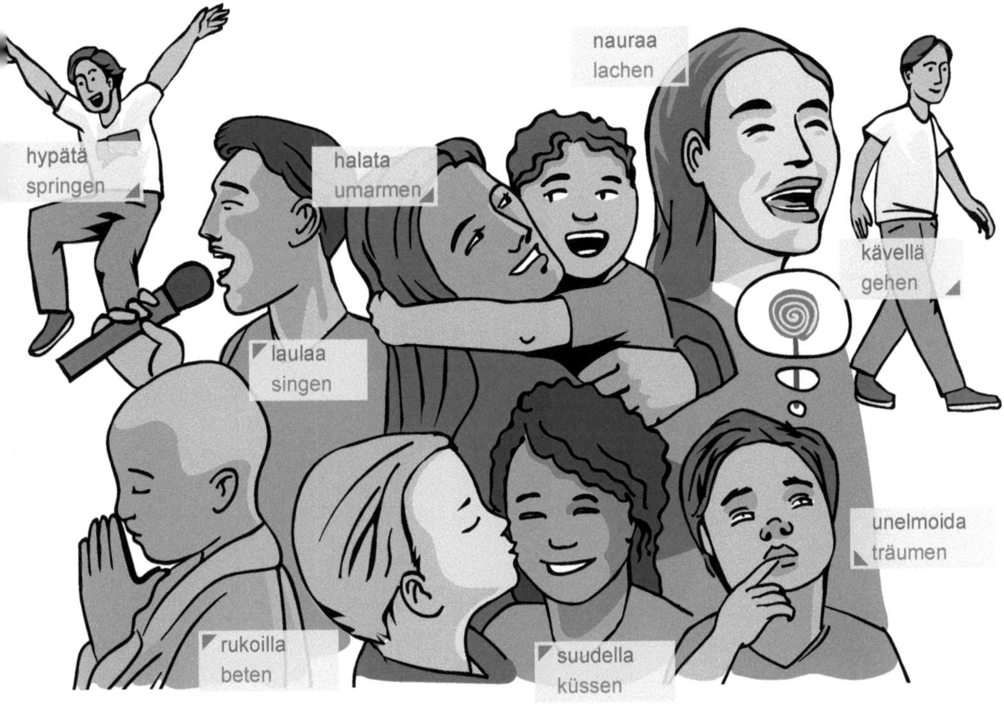

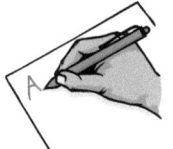

kirjoittaa
schreiben

piirtää
zeichnen

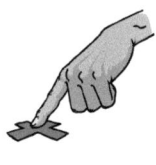

näyttää
zeigen

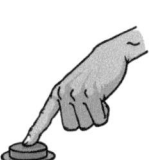

painaa
drücken

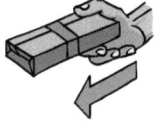

antaa
geben

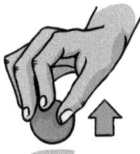

ottaa
nehmen

omistaa

haben

tehdä

machen

olla

sein

seisoa

stehen

juosta

laufen

vetää

ziehen

heittää

werfen

kaatua

fallen

maata

liegen

odottaa

warten

kantaa

tragen

istua

sitzen

pukeutua

anziehen

nukkua

schlafen

herätä

aufwachen

katsoa

ansehen

itkeä

weinen

silittää

streicheln

kammata

frisieren

puhua

reden

ymmärtää

verstehen

kysyä

fragen

kuunnella

hören

juoda

trinken

syödä

essen

siivota

zusammenräumen

rakastaa

lieben

keittää

kochen

ajaa

fahren

lentää

fliegen

purjehtia

segeln

laskea

rechnen

lukea

lesen

oppia

lernen

työskennellä

arbeiten

mennä naimisiin

heiraten

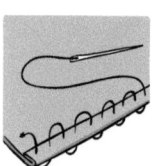

ommella

nähen

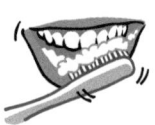

pestä hampaat

Zähne putzen

tappaa

töten

tupakoida

rauchen

lähettää

senden

perhe
Familie

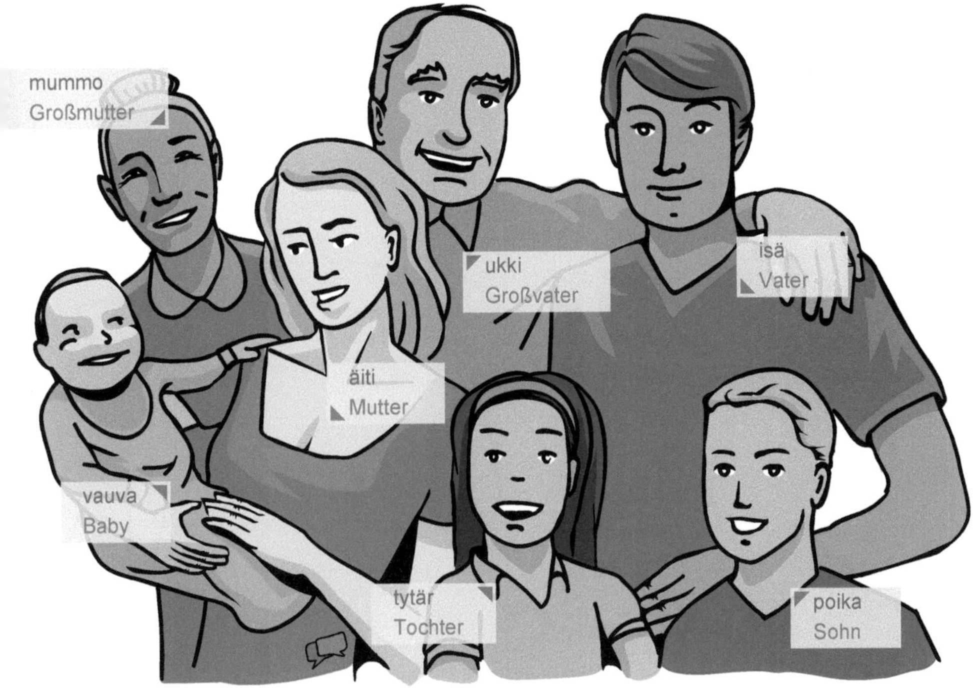
mummo
Großmutter
ukki
Großvater
isä
Vater
äiti
Mutter
vauva
Baby
tytär
Tochter
poika
Sohn

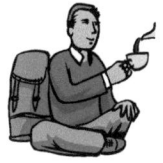

vieras

Gast

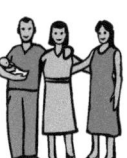

täti

Tante

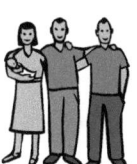

setä

Onkel

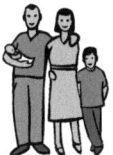

veli

Bruder

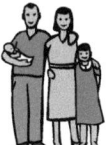

sisko

Schwester

vartalo
Körper

otsa
Stirn
silmä
Auge
olkapää
Schulter
sormet
Finger
kasvot
Gesicht
leuka
Kinn
käsi
Hand
jalka
Bein
rinta
Brust
käsivarsi
Arm

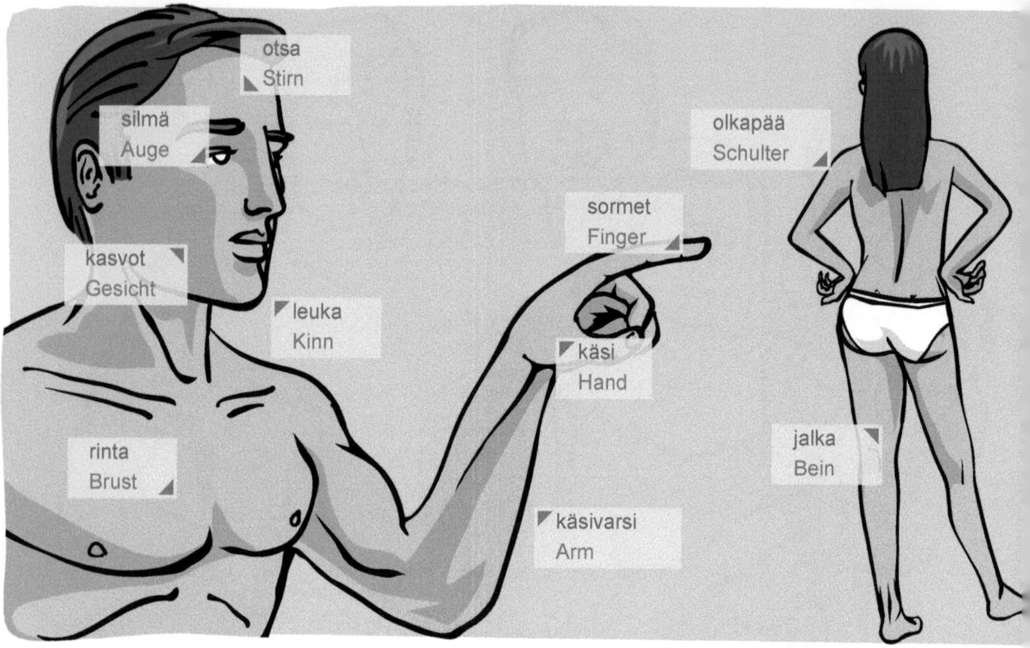

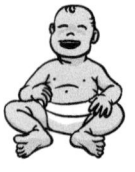

vauva

Baby

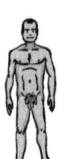

mies

Mann

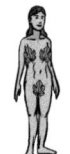

nainen

Frau

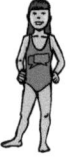

tyttö

Mädchen

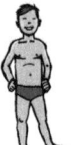

poika

Junge

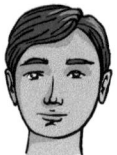

pää

Kopf

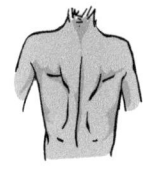

selkä

Rücken

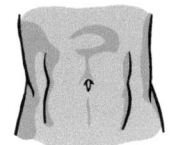

maha

Bauch

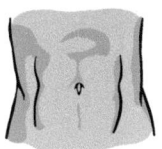

napa

Nabel

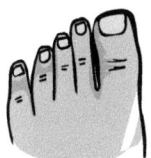

varvas

Zeh

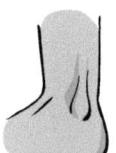

kantapää

Ferse

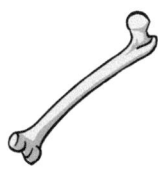

luu

Knochen

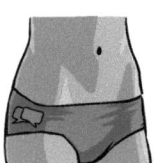

lantio

Hüfte

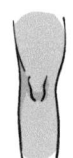

polvi

Knie

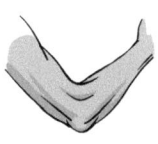

kyynärpää

Ellbogen

nenä

Nase

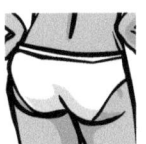

takapuoli

Gesäß

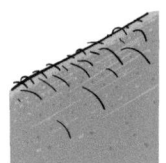

iho

Haut

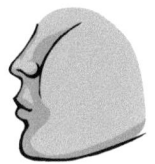

poski

Wange

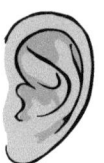

korva

Ohr

huuli

Lippe

suu

Mund

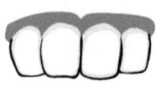

hammas

Zahn

kieli

Zunge

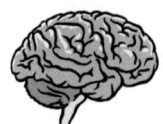

aivot

Gehirn

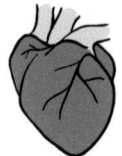

sydän

Herz

lihas

Muskel

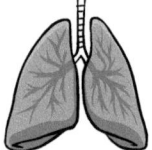

keuhkot

Lunge

maksa

Leber

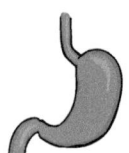

vatsa

Magen

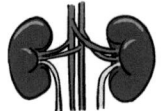

munuaiset

Nieren

seksi

Geschlechtsverkehr

kondomi

Kondom

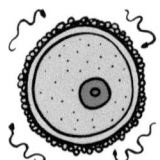

munasolu

Eizelle

sperma

Sperma

raskaus

Schwangerschaft

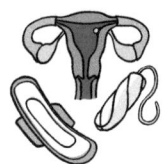

kuukautiset
....
Menstruation

vagina
....
Vagina

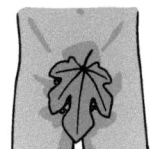

penis
....
Penis

kulmakarvat
....
Augenbraue

hiukset
....
Haar

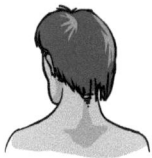

niska
....
Hals

sairaala

Spital

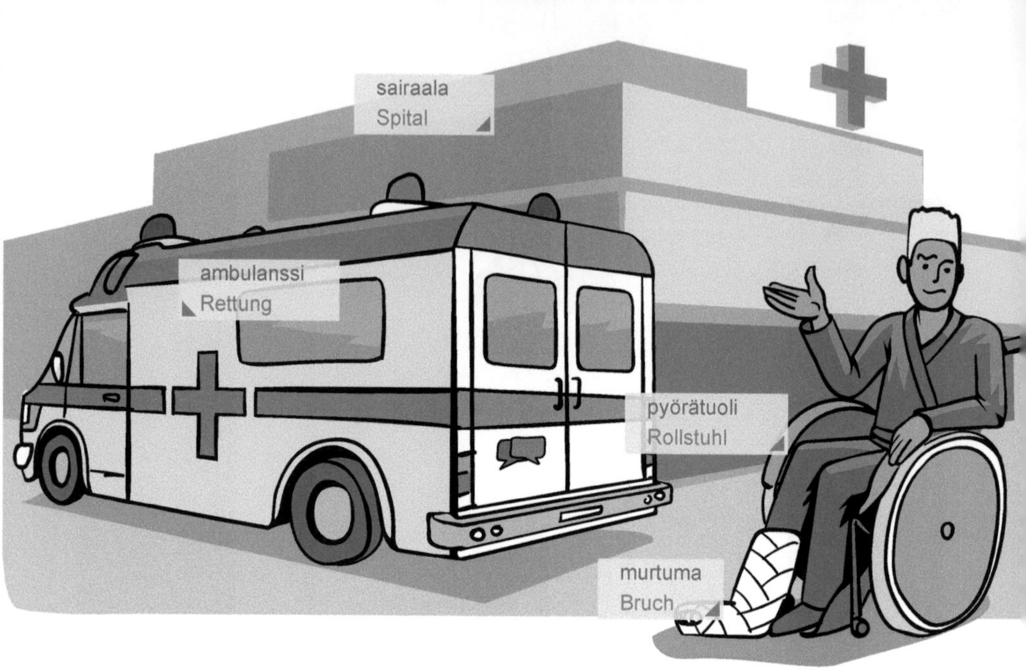

sairaala
Spital
ambulanssi
Rettung
pyörätuoli
Rollstuhl
murtuma
Bruch

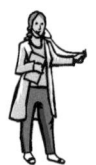

lääkäri

Ärztin

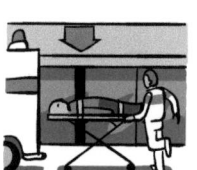

ensiapu

Notaufnahme

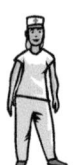

sairaanhoitaja

Krankenschwester

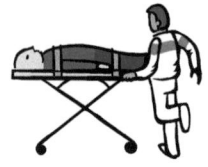

hätätilanne

Notfall

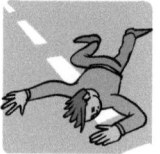

tajuton

ohnmächtig

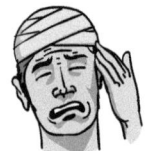

kipu

Schmerz

vamma

Verletzung

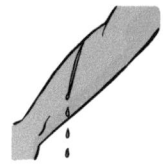

verenvuoto

Blutung

sydänkohtaus

Herzinfarkt

aivoinfarkti

Schlaganfall

allergia

Allergie

yskä

Husten

kuume

Fieber

flunssa

Grippe

ripuli

Durchfall

päänsärky

Kopfschmerzen

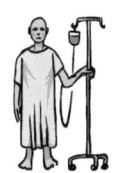

syöpä

Krebs

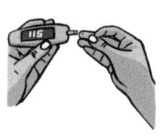

diabetes

Diabetes

kirurgi

Chirurg

veitsi

Skalpell

leikkaus

Operation

ct

CT

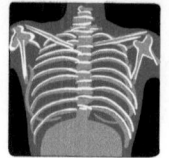

röntgen

Röntgen

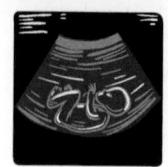

ultraääni

Ultraschall

maski

Maske

sairaus

Krankheit

odotushuone

Wartezimmer

sauva

Krücke

laastari

Pflaster

side

Verband

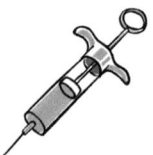

pistos

Injektion

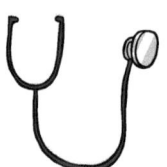

stetoskooppi

Stethoskop

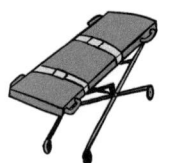

paarit

Trage

kuumemittari

Thermometer

syntymä

Geburt

ylipaino

Übergewicht

sairaala - Spital

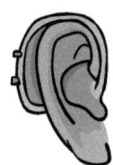

kuulolaite

Hörgerät

desinfiointiaine

Desinfektionsmittel

infektio

Infektion

virus

Virus

HIV / AIDS

HIV / AIDS

lääke

Medizin

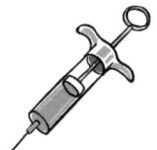

rokotus

Impfung

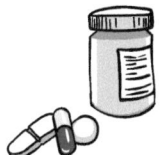

tabletit

Tabletten

pilleri

Pille

hätäpuhelu

Notruf

verenpainemittari

Blutdruckmesser

sairas / terve

krank / gesund

Apua!

Hilfe!

hälytys

Alarm

ryöstö

Überfall

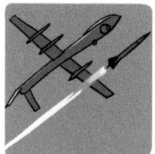

hyökkäys

Angriff

vaara

Gefahr

hätäuloskäynti

Notausgang

Tulipalo!

Feuer!

palosammutin

Feuerlöscher

onnettomuus

Unfall

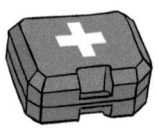

ensiapulaukku

Erste-Hilfe-Koffer

SOS

SOS

poliisilaitos

Polizei

Eurooppa
Europa

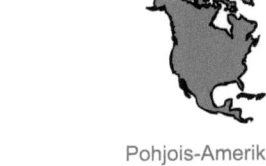

Pohjois-Amerikka
Nordamerika

Etelä-Amerikka
Südamerika

Afrikka
Afrika

Aasia
Asien

Australia
Australien

Atlantin valtameri
Atlantik

Tyynimeri
Pazifik

Intian valtameri
Indische Ozean

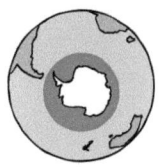

Eteläinen jäämeri
Antarktische Ozean

Pohjoinen jäämeri
Arktische Ozean

pohjoisnapa
Nordpol

etelänapa

Südpol

Antarktis

Antarktis

maa

Erde

maa

Land

meri

Meer

saari

Insel

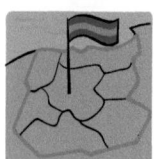

kansa

Nation

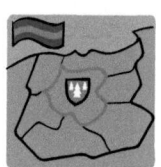

osavaltio

Staat

kellotaulu

Ziffernblatt

tuntiviisari

Stundenzeiger

minuuttiviisari

Minutenzeiger

sekuntiviisari

Sekundenzeiger

Paljonko kello on?

Wie spät ist es?

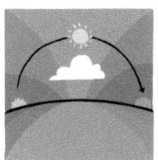

päivä

Tag

aika

Zeit

nyt

jetzt

digitaalikello

Digitaluhr

minuutti

Minute

tunti

Stunde

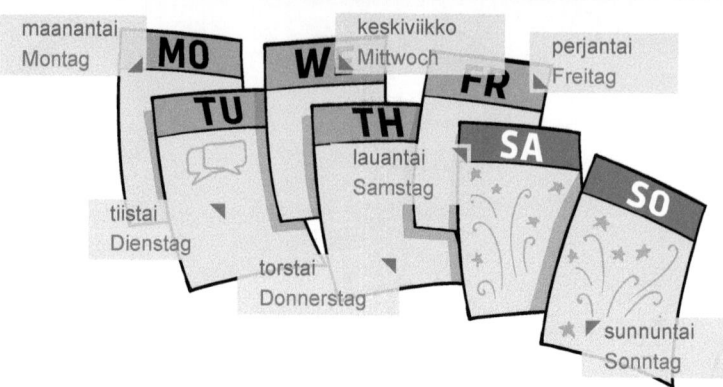

maanantai
Montag

keskiviikko
Mittwoch

perjantai
Freitag

lauantai
Samstag

tiistai
Dienstag

torstai
Donnerstag

sunnuntai
Sonntag

eilen

gestern

tänään

heute

huomenna

morgen

aamu

Morgen

keskipäivä

Mittag

ilta

Abend

työpäivät

Arbeitstage

viikonloppu

Wochenende

vuosi
Jahr

sade
Regen
sateenkaari
Regenbogen
lumi
Schnee
tuuli
Wind
kevät
Frühling
syksy
Herbst
kesä
Sommer
talvi
Winter

4.APRIL 11°
5.APRIL 4°
6.APRIL 13°
7.APRIL 8°
8.APRIL 10°

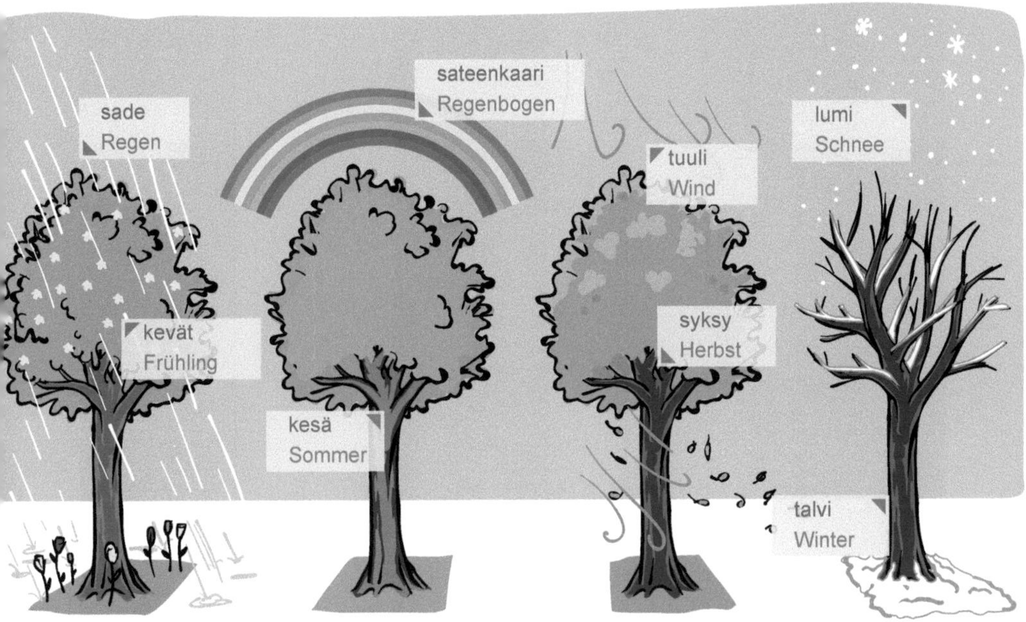

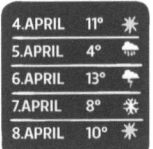

sääennuste

Wettervorhersage

F C
120 40
90 30
60 20
30 10
0 0
-30 -10
-20

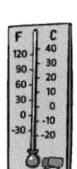

lämpömittari

Thermometer

auringonpaiste

Sonnenschein

pilvi

Wolke

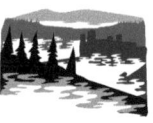

sumu

Nebel

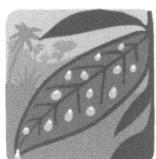

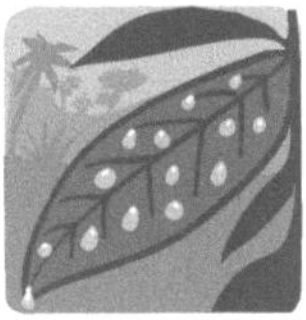

ilmankosteus

Luftfeuchtigkeit

salama

Blitz

ukkonen

Donner

myrsky

Sturm

rae

Hagel

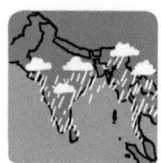

monsuuni

Monsun

tulva

Flut

jää

Eis

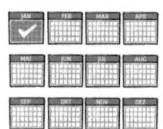

tammikuu

Jänner

helmikuu

Februar

maaliskuu

März

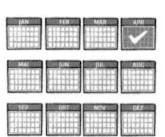

huhtikuu

April

toukokuu

Mai

kesäkuu

Juni

heinäkuu

Juli

elokuu

August

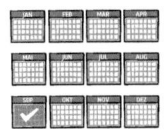

syyskuu
....
September

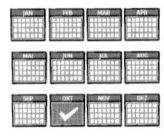

lokakuu
....
Oktober

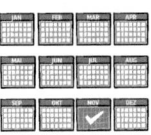

marraskuu
....
November

joulukuu
....
Dezember

muodot
Formen

ympyrä
....
Kreis

neliö
....
Quadrat

suorakulmio
....
Rechteck

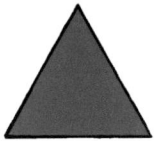

kolmio
....
Dreieck

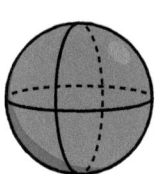

pallo
....
Kugel

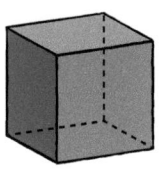

kuutio
....
Würfel

valkoinen

weiß

keltainen

gelb

oranssi

orange

vaaleanpunainen

pink

punainen

rot

violetti

lila

sininen

blau

vihreä

grün

ruskea

braun

harmaa

grau

musta

schwarz

paljon / vähän

viel / wenig

vihainen / ystävällinen

wütend / friedlich

kaunis / ruma

hübsch / hässlich

alku / loppu

Anfang / Ende

suuri / pieni

groß / klein

vaalea / tumma

hell / dunkel

veli / sisko

Bruder / Schwester

puhdas / likainen

sauber / schmutzig

täydellinen / epätäydellinen

vollständig / unvollständig

päivä / yö

Tag / Nacht

kuollut / elävä

tot / lebendig

leveä / kapea

breit / schmal

syötävä / syömäkelvoton

genießbar / ungenießbar

paha / kiltti

böse / freundlich

innostunut / tylsistynyt

aufgeregt / gelangweilt

lihava / laiha

dick / dünn

ensimmäinen / viimeinen

zuerst / zuletzt

ystävä / vihollinen

Freund / Feind

täysi / tyhjä

voll / leer

kova / pehmeä

hart / weich

painava / kevyt

schwer / leicht

nälkä / jano

Hunger / Durst

sairas / terve

krank / gesund

laiton / laillinen

illegal / legal

älykäs / tyhmä

gescheit / dumm

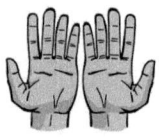

vasen / oikea

links / rechts

lähellä / kaukana

nah / fern

uusi / käytetty

neu / gebraucht

ei mitään / jotain

nichts / etwas

vanha / nuori

alt / jung

päällä / pois päältä

an / aus

auki / kiinni

offen / geschlossen

hiljainen / äänekäs

leise / laut

rikas / köyhä

reich / arm

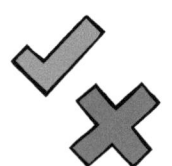

oikein / väärin

richtig / falsch

karhea / sileä

rau / glatt

surullinen / iloinen

traurig / glücklich

lyhyt / pitkä

kurz / lang

hidas / nopea

langsam / schnell

märkä / kuiva

nass / trocken

lämmin / viileä

warm / kühl

sota / rauha

Krieg / Frieden

0

nolla

null

1

yksi

eins

2

kaksi

zwei

3

kolme

drei

4

neljä

vier

5

viisi

fünf

6

kuusi

sechs

7

seitsemän

sieben

8

kahdeksan

acht

9

yhdeksän

neun

10

kymmenen

zehn

11

yksitoista

elf

12

kaksitoista

zwölf

13

kolmetoista

dreizehn

14

neljätoista

vierzehn

15

viisitoista

fünfzehn

16

kuusitoista

sechzehn

17

seitsemäntoista

siebzehn

18

kahdeksantoista

achtzehn

19

yhdeksäntoista

neunzehn

20

kaksikymmentä

zwanzig

100

sata

hundert

1.000

tuhat

tausend

1.000.000

miljoona

Million

englanti

Englisch

amerikanenglanti

Amerikanisches Englisch

mandariinikiina

Chinesisch (Mandarin)

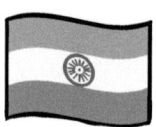

hindi

Hindi

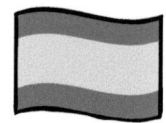

espanja

Spanisch

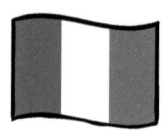

ranska

Französisch

arabia

Arabisch

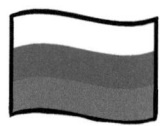

venäjä

Russisch

portugali

Portugiesisch

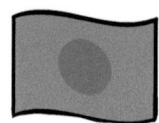

bengali

Bengalisch

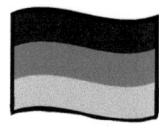

saksa

Deutsch

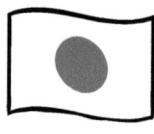

japani

Japanisch

minä

ich

sinä

du

hän

er / sie / es

me

wir

te

ihr

he

sie

kuka?

Wer?

mitä / mikä?

Was?

miten?

Wie?

missä?

Wo?

milloin?

Wann?

nimi

Name

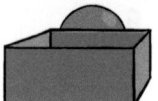

takana

hinter

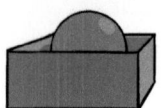

sisällä

in

edessä

vor

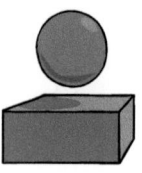

yläpuolella

über

päällä

auf

alapuolella

unter

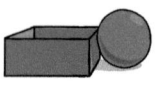

vieressä

neben

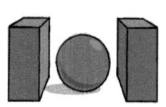

välissä

zwischen

paikka

Ort